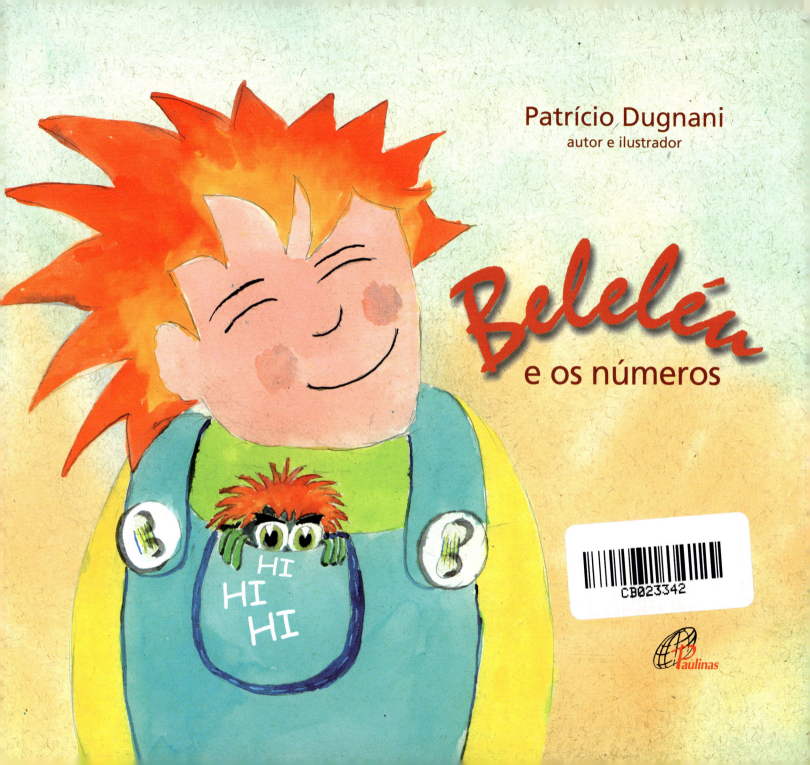

Dados Internacionais de Catalogação na Publicação (CIP)
(Câmara Brasileira do Livro, SP, Brasil)

Dugnani, Patrício
 Beleléu e os números / Patrício Dugnani autor e ilustrador.
– 3. ed. – São Paulo : Paulinas, 2012. – (Coleção ponte do saber.
Série beleléu).

 ISBN 978-85-356-3178-4

 1. Literatura infantojuvenil I. Título. II. Série.

12-05180   CDD-028.5

Índices para catálogo sistemático:
 1. Literatura infantil   028.5
 2. Literatura infantojuvenil   028.5

3ª edição – 2012
6ª reimpressão – 2023

Revisado conforme a nova ortografia.

Direção-geral: *Flávia Reginatto*
Editora responsável: *Maria Alexandre de Oliveira*
Assistente de edição: *Rosane Aparecida Silva*
Copidesque: *Ana Cecilia Mari*
Coordenação de revisão: *Marina Mendonça*
Revisão: *Marina Siqueira*
Direção de arte: *Irma Cipriani*
Gerente de produção: *Felício Calegaro Neto*
Produção de arte: *Telma Custódio*

Nenhuma parte desta obra pode ser reproduzida ou transmitida por qualquer forma e/ou quaisquer meios (eletrônico ou mecânico, incluindo fotocópia e gravação) ou arquivada em qualquer sistema ou banco de dados sem permissão escrita da Editora. Direitos reservados.

Paulinas
Rua Dona Inácia Uchoa, 62
04110-020 – São Paulo – SP (Brasil)
Tel.: (11) 2125-3500
http://www.paulinas.com.br
editora@paulinas.com.br
Telemarketing e SAC: 0800-7010081
© Pia Sociedade Filhas de São Paulo – São Paulo, 2009

A meus filhos João Pedro e Gabriel
e também a minha esposa Lilian,
razão para essa história.

Na casa do Gabriel tem um Beleléu,

mas não adianta sua mãe chamar sua atenção,

o menino deixa tudo espalhado no chão.

Por causa da bagunça,
o Gabriel não acha nada.

O Beleléu
sempre esconde
os brinquedos
da garotada.

Um dia, os pais do Gabriel ajudaram a arrumar a bagunça e a pôr ordem na confusão.

Das coisas que o Beleléu escondeu, você quer saber o que apareceu?

2

Dois bonecos deixados no chão da cozinha.

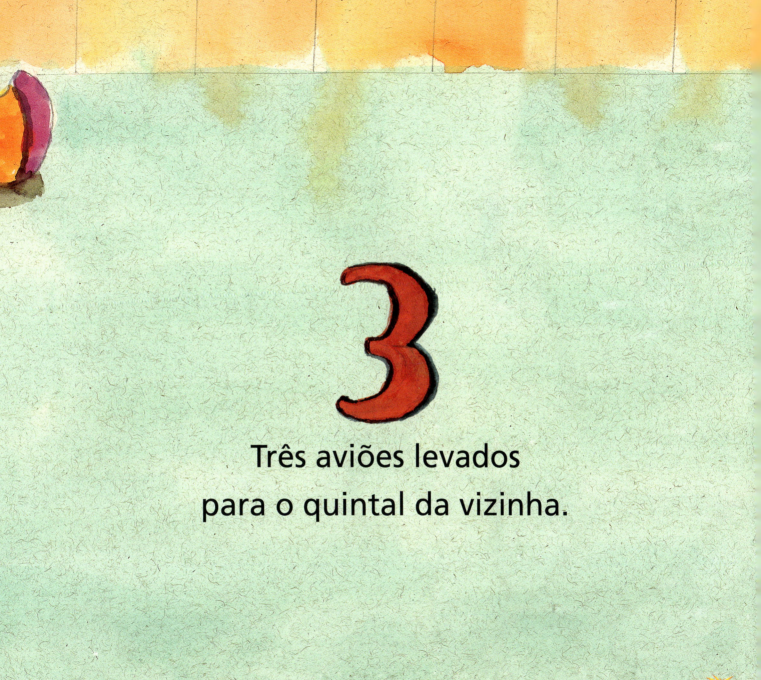

3

Três aviões levados
para o quintal da vizinha.

Quatro carrinhos
na casinha do cão.

Cinco livros
no fundo da geladeira.

E não parou por aí...

E olha que susto!

Foram sete os lápis
de cor deixados no meio
do corredor.

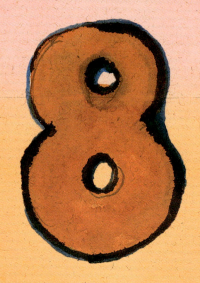

Oito dinossauros
escondidos
na caixa de biscoito.

Nove peças
do quebra-cabeça
embaixo da mesa.

10

E para terminar,
o que foi de assombrar,
quando embaixo do colchão
da cama do Gabriel acharam,
enroladinhas e escondidas,
dez cuequinhas
sujas e encardidas.